TRACTAT DE NOVA POLÍTICA

Per

Carles Ruiz i Gil

Agost del 2012

Índex

- Presentació
- Carta al meu país
- Carta als ciutadans del Món
- Democràcia
- Democràcia. La teoria.
- Democràcia. La realitat.
- Democràcia. Nova democràcia.
- La política
- La política i la corrupció
- La política i els ciutadans
- La política i la societat (professionalització)
- La política i l'economia
- La política i la globalització
- Política social. Drets i deures dels ciutadans
- Política econòmica
- Política ecològica
- Política internacionalista
- Política nacionalista (conservadora i progressista)
- Política sexista
- Com s'ha de canviar
- El futur de la humanitat
- Conclusions
- Glossari

- Bibliografia

Presentació

Estimats,

Sí, sóc un jove, no sóc ni molt menys major d'edat, però no diuen que els nens i els borratxos sempre diuen la veritat? Jo ni sóc llicenciat en Ciències Polítiques ni en Filosofia, simplement, sóc un jove pensador i polític que vol explicar com canviar la política tan desgastada per escàndols, per la professionalització de la mateixa, per la desconfiança que genera i les pràctiques dutes per aquesta que han generat una situació de crisi mundial mai vista en la història de la humanitat.
Jo sóc jove, però m'agrada la història i he estudiat cada etapa viscuda per la humanitat i des de la caiguda de l'Imperi Romà, no s'havia vist tal corrupció en el Món com la que hem conegut ara.

Tots els imperis han anat caient per la cobdícia d'una *plutocràcia* i *oligarquia* que no ha pensat en la ciutadania, que no ha lluitat per a conservar el conjunt, el grup; sinó per a enriquir-se a si mateixa, sense escrúpols per a trepitjar a qualsevol que no els donés un servei.

Tots els imperis cauen, i l'últim, que és l'Imperi del diner, l'imperi de la vergonya, l'imperi que hem creat nosaltres, caurà. I, si no el desfem nosaltres, com ara us explicaré, s'esfondrarà, i tots els sistemes polítics actuals amb ell.

Permeteu-me ensenyar-vos el camí, un dels existents, per a transformar una part important d'aquest problema, en solució.

Benvinguts al Tractat de Nova Política.

Carles Ruiz i Gil

Dimecres, 8 d'agost del 2012

Carta als ciutadans del Món

Companys i companyes,
El Món està canviant, les idees canvien constantment, el món es mou a través de les mateixes, però qui no ha desitjat que aquestes idees fossin justes?

Som al segle XXI i l'única revolució que he vist ha sigut la tecnològica i la d'alguns països àrabs, però seguim quiets davant de les punyalades que fan tots els governs capitalistes; els altres són un món a part.

Els governs capitalistes els hem aixecat nosaltres, volíem crear un sistema amb llibertat que no ens obligués a estar junts com a grup, a socialitzar els béns, etc. Si, som cobdiciosos, ho volem tot.
En canvi els governs socialistes, bé, els comunistes, mitjançant la força i la raó han construït una utopia que es desfà al passar el temps, sabeu per què? No som capaços de mantenir la unitat del grup sense exercir violència, i això ha de canviar.

Hem d'eliminar la globalització i aixecar l'internacionalisme, hem d'acabar amb l'opressió i veure la

llibertat, però com? Ni capitalista ni comunista, fundem un nou sistema que canviï el món a millor i que no permeti que governi una classe social o que els polítics facin el que vulguin, desmuntem el sistema per a crear un sistema just, lliure i igualitari.
Treballadors de tots els països, uniu-vos!

Democràcia

Del grec δημοκρατία, demos (poble) i kratos (govern vol dir govern del poble.

Per Plató i Aristòtil hi ha tres tipus bàsics de govern: monarquia (govern d'un), aristocràcia (govern dels pocs) i democràcia.

La democràcia en el seu ideal filosòfic seria el que es va crear a Grècia al voltant de l'any 500aC amb la democràcia directa i participativa: tots els homes lliures de la ciutat participaven en assemblees fins que va arribar un moment en el qual s'escollia a representants per a anar a les assemblees, els primers polítics. Aquests sense cobrar, eren escollits per sorteig i feien un servei al poble.

Més tard, per a que no s'empobrissin els polítics, ja que sense cobrar no es pot viure per molt de temps, se'ls hi va atorgar un subsidi, el primer sou polític.
Els romans ho van professionalitzar i van convertir la política en

professió, poc a poc es va anar degenerant i els interessos personals van fer que caigués la República per a passar a l'Imperi...Imperi que caigué per la corrupció del sistema.

Ara, 1500 anys desprès de la caiguda d'aquest imperi, hem vist caure d'altres per a la mateixa raó. La democràcia cal reformar-la i evitar que segueixi ajudant als de sempre, als poderosos.

A les següents pàgines, veurem el que ens diuen que és i la realitat de la democràcia. I per últim, la Nova democràcia, un esbós de l'ideal que ens cal per a poder assolir una democràcia justa per a tots i en la que la corrupció no tingui cabuda.

Democràcia. La teoria

Com funciona en teoria la democràcia? Senzill. La Democràcia (representativa) ha de ser objecte de participació de tots els ciutadans, és a dir, en teoria, tots els ciutadans deleguem la nostre veu als representants del poble, és a dir els polítics.

Tot això, en teoria, ho fem sabent que ells en "campanya" ens diuen una cosa i faran la mateixa al Parlament o a on sigui.

Teòricament, nosaltres, ens hem molestat en mirar tots els partits, i escollir-ne un, el qual ens representarà.

Teòricament, els partits petits tenen les mateixes oportunitats que els grans.

Teòricament, els mercats s'han de rendir davant del poder polític i els polítics no tenen perquè acceptar lleis imposades per els mercats

Teòricament, el poble (NOSALTRES), ha d'estar capacitat per a decidir i ha de participar activament en partits polítics i sindicats per a que la cosa funcioni correctament.

Ho fem?????

Democràcia. La realitat

Siguem sincers, quanta gent es mira el que diuen els partits minoritaris? Ningú.
Sabeu per què? Culpa nostra? No! Els mitjans de comunicació dediquen més temps a els partits majoritaris i afins a la seva ideologia trencant així l'imparcialitat que haurien de tenir.
Així doncs, tenim un poder polític que surt més a la televisió, però els recursos són els mateixos per a tots, oi? No. Des de subvencions públiques fins a "ajudes" i "donacions" fetes per empreses a aquests partits grans (habitualment de dretes o de "centre-esquerra")...
Els partits s'han rendit al poder dels mercats, és una llàstima, els domadors han sigut domats.
Hi ha la mateixa corrupció en tots els partits? No. Als partits majoritaris hi sol haver més corrupció i contra més a la dreta anem, més i de millor qualitat.

Ara bé, el poble és sobirà i actua, oi? És clar que sí, ens queixem als bars, a les cases però no sortim als carrers. La gent diu "avui ja no es derroquen sistemes amb revolucions", i és cert, per això no s'ha derrocat cap dels existents. No som capaços, i hem fa molt mal dir-ho, no som capaços de sortir al carrer junts, com a poble, pàtria, nació, humanitat per a lluitar per al bé comú.

No ho som.

Inactivitat política i sindical, per què? Fàcil, la política es veu llunyana, tancada a les ostentoses sales dels Parlaments i Administracions. Tot és fals, la política transformadora, la política que ens cal, es fa a les portes de les escoles, a casa, al llit o al carrer, la política és el poble que canta o crida, això ha de ser la política, perquè en definitiva l'Estat som tots.

Democràcia. Nova Política

Està començant, no ho sentiu? Què és? Portem anys de malestar general, la gent no vol als polítics i els polítics no volen a la gent, no escolten el poble.

La gent no vol la unitat del poble, som individualistes, si podem, trepitjarem els nostres compatriotes, nostres germans, per a aconseguir l'èxit, el reconeixement o simplement l'acceptació de la resta...

Els polítics no s'estimen el poble, no tenen esperit de servei a la pàtria, estimen la cadira que els hi dóna el sou, les "dietes" i tot el que un treballador normal no veurà en la seva desgraciada vida, i tot per a què? Renuncien a la vida al servei del poble per diners, perdent la dignitat i l'honor de "cavallers", els polítics de l'edat mitjana a Catalunya, la meva terra, no s'haurien venut per diners, no es van vendre mai! I ara, pobres de nosaltres! Qui estigui lliure de pecat que tiri la primera pedra...Il·lustres Diputats...ningú? Oh! Si, els partits minoritaris solen ser menys "corruptes" en aquest sentit. He dit "menys" no que siguin "sants", i caldria que ho fossin, i hi arribarem, tranquils, només cal que el poble s'alci.

Ara estem a l'última estació de la política, ja no podem més, el tren descarrilarà i, o baixem o canviem de direcció, però ens cal l'ajuda de tots.

Som la tripulació d'una gran flota, els nostres capitans no són qui creiem, estan coaccionats pels pirates (aquests que et roben sense que ho sàpigues i quan necessiten diners ataquen el teu vaixell, el teu país, et roben i desapareixen). Què cal fer? Fàcil, un motí. Empresonem al capità corrupte i als pirates traïdors, salvem el vaixell, salvem la flota.

Més clar... Els polítics que teòricament ens haurien de portar a "bon port", no fan el que cal, fan el que volen els mercats, mercats que quan han necessitat, han vingut i s'han emportat el que volien per a seguir vivint.

Exemple pràctic: Estat Espanyol, el rescat de Bankia val 23.500 milions d'euros, el que valen les retallades a Sanitat. Salvem els bancs, no les persones. (vid. Bibliografia)

I què fem nosaltres? Ens estrenyem el cinturó i anem ben calladets no sigui cas que amb la nova reforma laboral (vid. Bibliografia) ens posin a les files de l'atur.

En aquell moment el poble va dir prou, va ser abans del rescat a Bankia, vam sortir al carrer tots, el govern va dir que no, però al meu poble qui no tancava era perquè no podia passar sense aquelles hores de Vaga General perquè no podria pagar el lloguer. Vam tallar carreteres, vam llegir manifestos, etc. de què va servir? Poble crida! El poble va esgrimir un crit de dolor, però era igual, veritat? No podem fer un vaga i no parlar-ho als instituts, als llocs de feina, als carrers... Hem de fer-ho, la Revolució comença a casa, perquè som la Revolució.

Revolució? Quina Revolució? Hem de moure'ns, el poble s'ha d'alçar, no contra els governants sinó contra la forma de govern, Lluís Companys (President de Catalunya 1933-1936, vilment assassinat pel franquisme) digué: "Totes les causes justes del Món tenen els seus defensors; Catalunya, en canvi, només ens té a nosaltres." Jo ara dic: "El Món, on hi conviuen les més belles nacions, només ens té a nosaltres, salvem-lo doncs." Tan sols nosaltres podem canviar-ho tot i aconseguir la llibertat que des dels inicis dels temps desitja l'home, la llibertat de governar-se a si mateix.

Així doncs, ara exposaré la meva visió de com hem de crear una nova polític per a un nou Món, el nostre.

La política

La política actual és una paròdia de la política real, ja que la corrupció, l'abandonament de la ciutadania cap a la política i a la inversa ha provocat que una gran part de la població la trobi una paròdia, una broma pesada.
Què ha passat? Senzill, els polítics, no tots, tan sols la gran majoria, són, en si, un tipus de comercials, és a dir, venen el seu producte, millor o pitjor, però tu, l'acabes comprant... Quan t'han venut la seva visió, auto-proclamats Messies de la política, aquests que ens han d'arreglar el país solets... Arriben a "la poltrona", "la cadira", "el lloc", etc. i allà s'hi queden com a mínim quatre bons anyets en els quals pocs polítics es preocupen per la població. Lamentablement, això és real. Jo potser sóc un visionari, avançat al que s'ha de fer, però, així no pot funcionar la política...
Un bon polític ha de saber que és un càrrec electe, que no ha de quedar-se de per vida a un lloc si no té voluntat de servei, si no vol ajudar i sacrificar-se pel país no cal un polític.
Un bon polític ha de saber que si la població fa una vaga és per alguna cosa, no per el plaer de no cobrar.
Un bon polític ha de saber ajudar a tothom, del seu partit o d'un altre, perquè tots som persones i tots, en algun moment, podem necessitar ajuda.
Un bon polític ha de saber acceptar la voluntat del poble i no només la del

partit, i per sobre de tot, un bon polític ha de tenir criteri, debatre als líders dels partits si calgués per a millorar qualsevol cosa de l'organització que representa, no han de ser robots, sinó persones amb criteri i responsabilitat.

Finalment, un bon polític ha de ser responsable, ha d'evitar la corrupció, ha de tenir honor, voluntat de servei i mai vendre ni les seves conviccions ni els seus votants i membres de confiança per diners o poder, mai.

La política i la corrupció

Jo no hauria de parlar d'això, ja que no hauria d'existir. Lamentablement, però, existeix. Què hi podem fer?
Primerament, endurir les penes. Com pot ser que un polític corrupte, i a més, demostrat, no vagi a la presó a l'Estat Espanyol? Aquests polítics primerament se'ls ha d'ensenyar que no ho haurien d'haver fet i desprès deixar que la ciutadania decideixi.

Un jutge va autoritzar unes "escoltes" a un seguit de polítics corruptes, dels quals no vull recordar el nom, i van demostrar que eren corruptes, sabeu què va passar? Van acusar al jutge de fer "escoltes" il·legals, no van ser vàlides i un dels millors jutges que ha vist i veurà l'Estat Espanyol va ser expulsat de la carrera judicial.

Com podem permetre això?
Simplement, com podem permetre que aquests mateixos polítics o altres que estan acusats, segueixin exercint la "carrera" política?
En una altre època, si passés això, s'agafa al lladre, deixem-ho clar, això és robar (i ens roben a tots), i se l'expulsava del govern, se li treien títols o se'l carregaven, ara no...Ara, es demostra que ha robat, i durant el procés de judici, segueix militant amb el seu càrrec i desprès del cas, segurament (com han fet molts), seguirà sent polític i nosaltres el reelegirem.

És culpa nostra, i sabeu com s'arregla? Canviant la llei, i ho han de fer els pocs polítics que encara els hi quedi seny i honor, és a dir, menys d'un quart dels parlamentaris, regidors, senadors, diputats, etc.
Però tranquils, això canviarà a millor.

La política i els ciutadans

Ens hem d'acostar a la política, ja no ha de ser una cosa llunyana, la nostra Revolució ha de permetre aquest canvi, una Revolució silenciosa, pacífica, que permeti canviar la política i acostar-la a la gent de totes les edats, sobretot, el jovent que és qui ha de moure el país i els grans ja que han de ser els qui, amb el seu seny, ajudin al jovent progressista i innovador a transformar la societat.

La societat es transforma. Cada dècada del segle XX té un nom, els anys 20, 30, 40, etc. i per què? Perquè la civilització, la societat es modernitza, es transforma, i la única cosa que no ha canviat encara és la política, ara que la gent sap que ha de moure fitxa i no s'ha de quedar quieta, sobretot els joves, ara, cal fer neteja i modernitzar, o fins i tot, més bé, seria tornar als inicis de la política on tot es feia per vocació i no tant sols per diners i poder.

I ara, ens ve al cap la pregunta: I com ho fem?

És molt fàcil, primer de tot, cal un líder, o un parell, però que estimin al poble, que sentin la pàtria a les venes i seva gent al cor; amb bona predisposició, voluntat de servei fins a les últimes circumstàncies i tot el que un bon polític ha de fer i ha de ser (explicat anteriorment); l'última cosa que ens cal saber és que ha de ser algú amb les idees ben clares i que el poble el recolzi, sinó no és un bon líder.

Alhora, cal dir, que la gent té un molt mal costum i és que quan un líder, per molts anys de servei que porti i experiència, s'equivoca (encara que la gent l'hagi recolzat), ell i només ell a ulls de la gent serà l'únic responsable. Si poden li carregaran totes les culpes, el deixaran de banda, i l'acusaran de tot; tot i així, els líders són persones i si es rodegen de persones poc "responsables" acabaran malament, ja que els altres es salvaran i ell o ella no. Sapigueu que els líders poden tenir errors, i cal donar-los-hi oportunitats per a solucionar-los, i si no ha sigut única i exclusivament obra seva (és a dir, ningú l'ha aconsellat malament) i RECTIFICA, us demano que el/s perdoneu.

Aquest líder, si està rodejat d'un bon equip, triat amb seny, i fa el que el poble demana, us portarà cap al bé comú.

I vosaltres, ciutadans que triareu aquest líder, sigueu responsables, i ajudeu-lo, entrant a sindicats, partits, etc. però feu que la política, la nova política, sigui part de la vostra vida i així podreu junt amb ell o ella, aportar el vostre gra de sorra al futur del vostre país.

La política i la societat

La societat influeix en la política com la política en la societat, i és un fet normal.

Però, el sistema polític que governa actualment els nostres països és el causant de la pèrdua de credibilitat de la política, ja que d'un acte de servei (temporal o de per vida) l'he convertit en una professió de lucre.

La societat, per tant, ha perdut interès per el món polític i per tant s'ha "despolititzat" i ha entrat en una espiral de decadència la qual ens porta al desastre social.

Però com pot ser? Mireu, un polític no ha de ser algú que cobri un sou, pot ser simplement una persona que participi activament dins d'un partit polític o organització política i que defensi l'interès comú. És cert, això no és un simple polític, és un bon polític.

La societat s'ha afartat de la condició política ja que no hi ha una preocupació per part d'aquests "administradors" de l'Estat cap a les persones que el creen, ja que un Estat, en sí, és un contracte entre regions i pobles que es mantenen unides per el bé comú.

Quan la societat s'afarta d'un Estat, habitualment perquè ha sigut ocupada o conquerida segles abans, reclama la seva "nació" i la seva singularitat dins del mateix, si no se'ls hi permet autodeterminar-se, s'entra en un conflicte polític que pot durar segles.

Això vol dir que, si la societat està contenta amb el seu Estat i els seus polítics, no hi ha problemes ni d'unitat ni altres problemes que poden sorgir a causa del malestar generalitzat contra la classe governant, cosa que porta a l'insubmissió i a la pèrdua del desig de col·laborar per a que la pau i la tolerància siguin el pa de cada dia.

La política i l'economia

Aquest apartat era inevitable...Tots sabem que l'economia actual, la capitalista i neoliberal, si, neoliberal, sotmet a tot al qui vol, com? Amb el poder dels diners.
Tots els governs del Món tenen cura de l'economia, si respon bé a les mesures que adopten, els Estats van bé, sinó van molt malament.
L'economia capitalista té "cicles"...És a dir, quan tu robes 500 euros, és un delicte; quan en robes 100.000 és blanqueig de capital i quan en robes 100.000.000 és que l'economia té cicles.
Què vol dir això? Bàsicament que els diners corrompen a les persones i cada cop que guanyes més diners, en vols més i més. Això fa que et doni igual el que els hi passi als demés si tu guanyes més que els altres, i així funciona l'economia capitalista, o trepitges o et trepitgen.
Ara bé, l'economia, és el motor del món, o això diuen les agències de ràting, empreses que bàsicament es dediquen a donar la seva opinió sobre l'estat de les empreses, Estats, etc. I direu, i què? Doncs que si els hi donen una mala puntuació la borsa cau, les empreses entren en crisi i els Estats ho tenen més negre que el carbó del Rei Baltasar per a finançar-se amb diner estranger.
Què pot fer la política per a que no passi això? Controlar l'economia, no una economia comunista, però si una "economia del bé comú", a part de controlar a les empreses,

bancs, etc. i per tant, mantenir el control de l'economia, economia del poble i per el poble...Sona comunista, però hauria de ser així, si no controlem el monstre que hem creat, ens tornarà a menjar, com ja ha fet en les crisis del 29 i l'última, que encara no té nom, però jo l'anomenaria la Gran Crisi, perquè ha repercutit molt més a nivell mundial i social gràcies a la nostra estimada globalització.

La política i la Globalització

Globalitzar, acabar amb les fronteres, eliminar aranzels, què maco!
Doncs no.

La globalització té coses bones i coses dolentes...

Les bones: menys dificultat de passar mercaderies entre països, fa que hi hagi més competitivitat entre empreses, ens podem comunicar més fàcilment, viatjar sense tants impediments, etc.

Les dolentes: Sabeu perquè la crisi econòmica ha sigut a nivell mundial? Simple, la globalització ha permès traspassar els "bons" contaminats a altres bancs del Món més fàcilment; Sabeu què si augmentem la competitivitat els països del Tercer Món i les seves empreses no poden competir amb els del Primer i per tant entren en una crisi major?

I així podríem seguir durant hores i hores, però vull fer un llibre curt i que no sigui pesat de llegir...

L'alternativa a la globalització? L'internacionalisme.

Les nacions ens hem de comunicar entre nosaltres sense perdre el sentit i la cultura, cosa que es fa amb la globalització; hem de mantenir les nostres llengües d'origen i les estem perdent en alguns casos a favor de l'anglès o l'alemany...

Més endavant, proposo les polítiques internacionalistes a seguir, no us ho perdeu.

Política Social. Drets i Deures dels Ciutadans

Durant molt de temps hem perdut empenta en la cerca de la política social i la lluita per els nostres drets, però crec que ara cal una revifada d'aquest sentiment, ja que desprès de la pèrdua de tants i tants drets en tant poc temps el que ha comportat és un sentiment de tristor general per la pèrdua de l'educació, sanitat, etc.

I ara l'únic que podem fer és lluitar. Rebel·lar-nos contra el sistema que ens treu els drets i ens imposa més deures per una mala gestió provocada per el mateix sistema. Això no pot ser.

Hem de reconquerir a Espanya i altres parts del Món, conquerir, la gratuïtat del sistema sanitari. És necessari, cal fer-ho i és de justícia que tothom tingui cobertura sanitària, pagada amb impostos dels mateixos usuaris, però cal aquesta assistència.

Cal conquerir el dret, per a nosaltres, i el deure per als governs d'una millor educació cada dia, la cultura és el principi de la pau. El que és totalment incoherent en un sistema mundial com en el que vivim, és que els pressupostos per a Defensa, siguin normalment superiors als d'Educació en Estats centenaris amb exèrcits ja formats i preparats per a la defensa dels seus territoris interiors.

Educació vol dir pau, vol dir cultura, vol dir futur. L'Estat al que li falta una bona base d'estudiants amb cultura, en un futur serà un país mal gestionat per gent mal ensenyada.

Un país amb mala sanitat no serà un bon reclam per a cap empresa ni cap inversor, però un país amb la millor sanitat, serà el millor lloc per a viure i per tant, pagar impostos, impostos que enriquiran el país i permetran tenir una bona sanitat i educació.

Els recursos ben gestionats són una mina d'or, els recursos mal gestionats és un forat a la cartera i a la butxaca.

Política internacionalista

Mireu, la Globalització no és el camí a seguir a llarg termini, i ho hem vist plasmat en aquesta crisi.

L'internacionalisme, advoca per a cooperar entre nacions en benefici mutu tant econòmic com cultural i no estrictament tant sols econòmic. Què vol dir això? Què hi ha un intercanvi de cultures, però que cap d'elles s'imposa a la resta, com la cultura occidental a l'oriental en aquests moments, per exemple.

Habitualment aquests moviments els propugnen gent i organitzacions d'esquerra, perquè a la dreta conservadora no l'interessa relacionar-se amb els altres més que per qüestions merament econòmiques

i per imposar-se sobre altres nacions.

Què està passant a Europa? Nacions potents a nivell econòmic, s'imposen a les altres i fan que les polítiques que creuen més adients s'apliquin a tots llocs.

És la conquesta d'Europa sense que ningú ho vegi a flor de pell, però realment, hem estat conquerits per els interessos de les dues potències europees, principalment una, i tots sabem qui és.

Com ho podem canviar? Amb internacionalisme, ajudar a que no només hi hagi intercanvi comercial, sinó també cultural, respectant les cultures i ajudant a tots els països sense imposar-se sobre un altre, fent de la llibertat un ideal i un futur clar gràcies a la cooperació entre nacions i pobles del Món.

Política nacionalista

Siguem sincers, tots formem part d'una nació, i tots som nacionalistes...Catalans, Bascos, Espanyols, Irlandesos, Britànics, etc. Tots estimem una pàtria, la nostra.
Però hi ha nacions lliures i nacions ocupades, com pot ser? Senzill, fa segles algunes nacions van ser ocupades per altres i s'han resistit a formar part de la nació ocupant.
Val, ara sabem el per què, i ara què? Quan una nació és ocupada, té un sentiment de llibertat i fins que no és lliure altre cop no deixa de lluitar, la nació ocupant, per altre banda, lluita per a que no s'assoleixi aquest anhel.
Dels possibles nacionalismes, trobem el conservador i el progressista o popular.
El conservador diu que són una nació i té les típiques idees de dretes de que ningú que no és de naixença de la terra no és d'allà, que s'ha de blindar la cultura i no deixar que pateixi modificacions, etc. i sobretot, té un rancor o odi cap altres nacions que provoca problemes internacionals en la majoria de casos.
El nacionalisme popular estima tots els altres pobles i nacions, no vol separar-se per a no tornar-se a veure sinó que diu: jo no sóc part del vostre cos (entenent cos com a nació) i a més, jo us vull abraçar, i per abraçar-nos cal ser dos. El nacionalisme popular accepta a tothom, si un estranger es sent ja fill del país que l'acull, benvingut sigui! El nacionalisme

popular és el que si arriba a portar a la nació a la independència, no pretén odiar a la nació ocupant, sinó respectar-la i establir-hi els mateixos llaços d'amistat que amb les altres nacions lliures del Món. Jo, crec que la solució del Món, tant en les nacions lliures com en les ocupades, és el nacionalisme popular.

Política sexista

Vivim en un Món de sexes, durant la història, sempre ens han separat, dones i homes, per *raons "teològiques"* i posteriorment, per raons de "anatomia" per a realitzar diferents treballs.

Ara, hem arribat a un punt, on sabem què això és mentida, si, tenim diferències anatòmiques, però tots podem realitzar el mateix treball, homes i dones, sense problemes.

Fa temps ja, les "sufragistes angleses" van aconseguir el vot a la dona i poc a poc s'han anat aconseguint altres drets, però encara queda molt de treball.

Ara, existeix una mínima igualtat de gèneres als llocs de treball però tot hi així, no és prou, ja que homes i dones no solen cobrar el mateix per la realització del mateix treball, ni els homes solen ser assetjats sexualment com els hi passa a les dones, etc.

Cal doncs seguir treballant, fent polítiques que uneixin a la societat i la conscienciïn de que hem d'arribar a deixar de banda els sexes per a ser, tant sols, humans.

Com s'ha de canviar?

Revolució.

No té perquè ser armada, una revolució pot ser pacífica, però ens hem de moure, poc a poc, no cal córrer, canviant cada estament, cada forma de fer, i millorant les coses dia a dia, si ens hi posem, en una dècada, fins l'últim racó del Món haurà canviat, posem que 3 anys per continent, potser més potser menys, però podem arribar a abolir qualsevol dictadura, fer lliures els pobles i nacions ocupades injustament i que reclamen justícia i deixar una terra neta i preparada per a les futures generacions.

La Revolució d'Octubre, la van fer els bolxevics russos, va durar molt poc, per això se'n diu Revolució; no proposo fer un sistema com el que van fer, tot i que volien el bé comú, com en aquest tractat intento explicar. Però, el que cal, és que ens movem, i sense parar, i així podrem fer caure l'Imperi del diner, aquell del qual jo parlava al principi.

Us convido a alçar l'estrella internacionalista per a lluitar, a ser possible pacíficament, per els nostres ideals i per el BÉ COMÚ.
No cal cantar la Internacional, ni ser d'esquerres, simplement una mica progressista i estar fart dels polítics corruptes i d'aquest sistema que a l'únic que ens porta és a la mancança de polítics

amb voluntat de servei i de gent que vulgui treballar per a millorar el país.

Tot ha de canviar en un moment o altre, i ara, va tocant un canvi de vestuari del nostre sistema i una mica de règim també li toca, ja que ha menjat massa corrupte i especulador.

Conclusions

Aquest tractat no vol ser una norma estricta a seguir per a qui vulgui començar aquesta "Revolució de la Nova Política", és més bé, unes directrius a seguir, per a aconseguir un mínim consens en com canviar el món a millor, amb una visió progressista i de canvi, la qual, segurament en cent anys quedarà obsoleta, ja que el canvi és l'únic que persisteix.

Hem de millorar la democràcia, fent-la real i participativa, creant noves formes de participació i eliminant aquesta "aureas mediocritas" que existeix canviant-la per polítics que arribin al poder per els seus mèrits i perquè són bons governants, no per el número de mentides que són capaços de dir en un míting electoral.

Hem vist que per a canviar la política hem de fer neteja, o com diu l'acudit: ens cal un electricista que tregui "enchufes" i un mossèn que comenci a repartir hòsties.

Les noves polítiques les hem de fer per al servei de la ciutadania i no dels mercats o d'una classe social, recordem doncs que sempre que estiguem sobre algú altre, l'estarem trepitjant.

He parlat de l'internacionalisme i d'altres polítiques més "d'esquerres", però que són aplicables a totes les ideologies.

I, finalment, he cridat a la rebel·lió pacífica, i al canvi social necessari que

hem de procurar realitzar en un espai de temps a ser possible no massa llunyà.
I Per acabar,

treballadors de tots els països, uniu-vos!

GLOSSARI

- New Age: corrents filosòfics i espirituals centrats en la era d'Aquari, iniciada al començament del segon mil·lenni desprès de Crist.
- Plutocràcia: sistema de govern on el poder l'exerceixen els que tenen més riqueses.
- Oligarquia: sistema de govern on el poder l'exerceixen uns pocs.
- Raons Teològiques: raons basades en la teologia, la ciència que estudia la religió.

BIBLIOGRAFIA

http://www.elperiodicomediterraneo.com/noticias/economia/el-rescate-de-bankia-le-costara-estado-23-465-millones-de-euros_739655.html
http://www.elmundo.es/especiales/2012/05/economia/bankia/comparador.html
http://www.reformalaboral.com/

www.ingramcontent.com/pod-product-compliance
Lightning Source LLC
Chambersburg PA
CBHW072304170526
45158CB00003BA/1183